my first GERMAN words

FRUITS
OBST

apple
der Apfel

kiwi
der Kiwi

pear
die Birne

plum
die Pflaume

strawberry
die Erdbeere

VEGETABLES
GEMÜSE

carrot
die Karotte

onion
die Zwiebel

cucumber
die Gurke

tomato
die Tomate

potato
die Kartoffel

FARM ANIMALS
NUTZTIERE

rabbit
der Hase

duck
die Ente

horse
das Pferd

pig
das Schwein

dog
der Hund

hen
die Henne

bee
die Biene

cow
die Kuh

goose
die Gans

summer
der Sommer

sunglasses
die Sonnenbrille

winter
der Winter

snowman
der Schneemann

spring
der Frühling

butterfly
der Schmetterling

fall
der Herbst

hedgehog
der Igel

VEHICLES
FAHRZEUGE

car
das Auto

ambulance
die Ambulanz

bus
der Bus

police car
das Polizeiauto

train
die Bahn

garbage truck
der Müllwagen

tractor
der Traktor

excavator
der Bagger

fire truck
das Feuerwehrauto

1 one
eins

2 two
zwei

3 three
drei

4 four
vier

5 five
fünf

6

six

sechs

7

seven

sieben

8

eight

acht

9

nine

neun

10

ten

zehn

cloud
die Wolke
sun
die Sonne
PARK
PARK
bird
der Vogel
tree
der Baum
grass
das Gras

bicycle
das Fahrrad

path
der Weg

cat
die Katze

flower
die Blume

FAMILY
FAMILIE

mother
die Mutter

parents
die Eltern

father
der Vater

daughter
die Tochter

son
der Sohn

grandmother
die Großmutter
grandfather
der Großvater
aunt
die Tante
uncle
der Onkel

COLORS
FARBEN

green
grün

red
rot

black
schwarz

brown
braun

yellow
gelb

grey
grau
orange
orange
pink
rosa
blue
blau

ROOM
ZIMMER

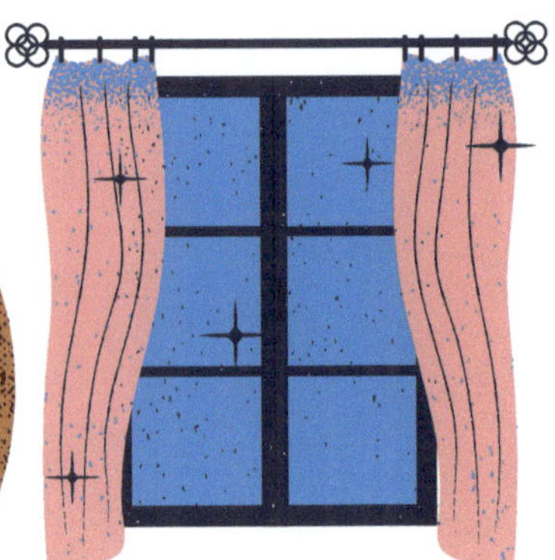

window
das Fenster

armchair
der Sessel

plant
die Pflanze

book
das Buch

bed
das Bett

clock
die Uhr

door
die Tür

table
der Tisch

chair
der Stuhl

bookshelf
das Bücherregal

circle
der Kreis

rectangle
das Rechteck

star
der Stern

square
das Quadrat

triangle
das Dreieck

crescent
der Halbmond

VACATION
URLAUB

forest
der Wald

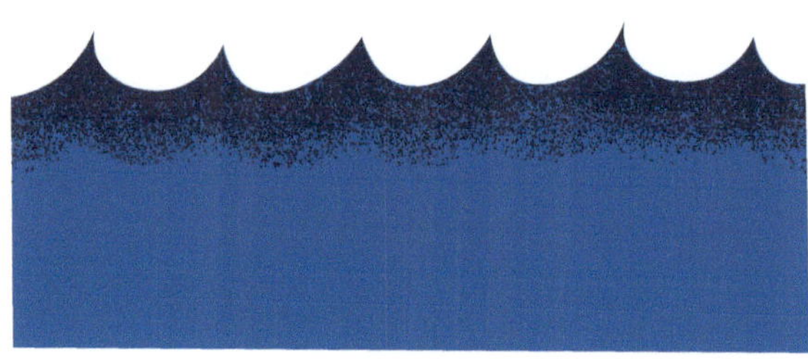

sea
das Meer

mountain
der Berg

river
der Fluss

beach
der Strand

countryside
das Land

CLOTHING
KLEIDUNG

shoe
der Schuh

skirt
der Rock

belt
der Gürtel

t-shirt
das T-Shirt

sock
die Socke

trousers
die Hose

mittens
die Fäustlinge

scarf
der Schal

handbag
die Handtasche

FACE
GESICHT

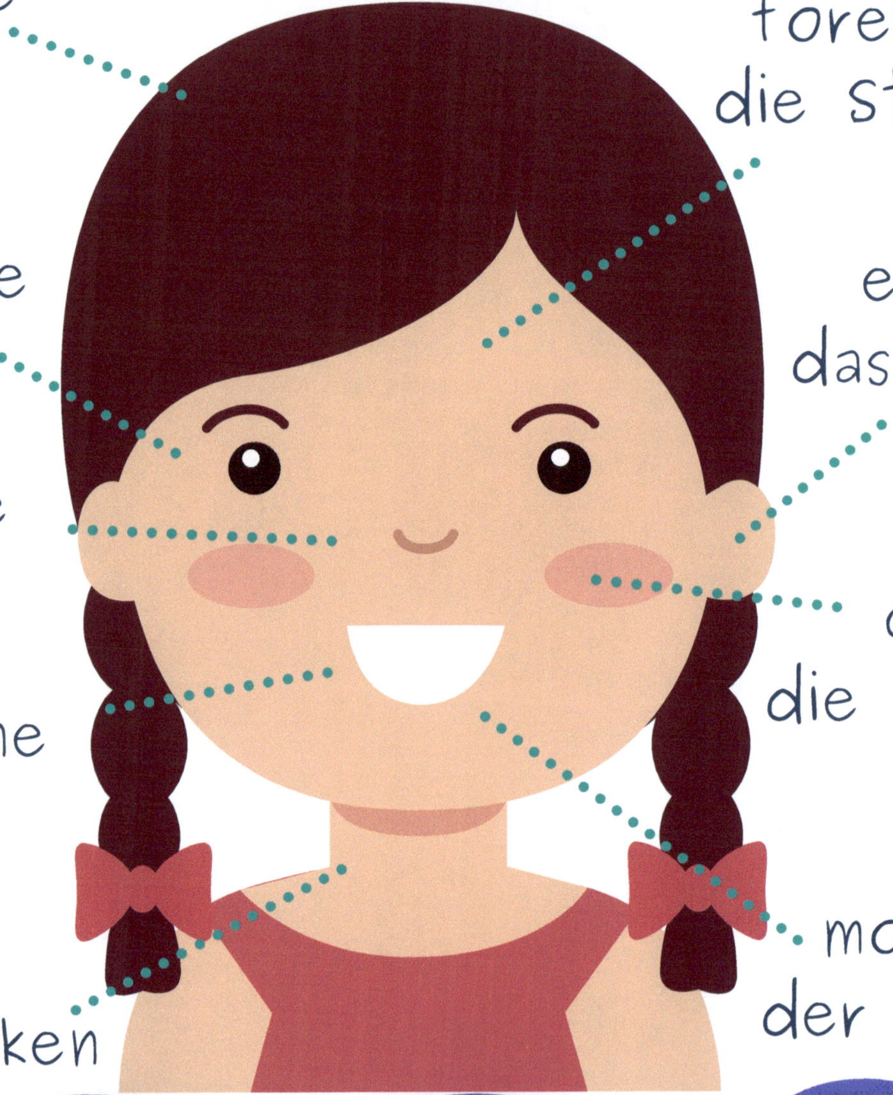

hair
die Haare

forehead
die Stirn

eye
das Auge

ear
das Ohr

nose
die Nase

teeth
die Zähne

cheek
die Wange

neck
der Nacken

mouth
der Mund

BODY
KÖRPER 
finger
der Finger
head
der Kopf
shoulder
die Schulter
hand
die Hand
belly
der Bauch
foot
der Fuß
leg
das Bein

9 798768 333089

This illustrated English–German dictionary will help your child discover the fascinating bilingual world! Inside you will find over 100 words and pictures.

Copyright© 2021
by lagARTa
ALL RIGHTS
RESERVED

ISBN 9798768333089

9 798768 333089

The Little Pine Tree

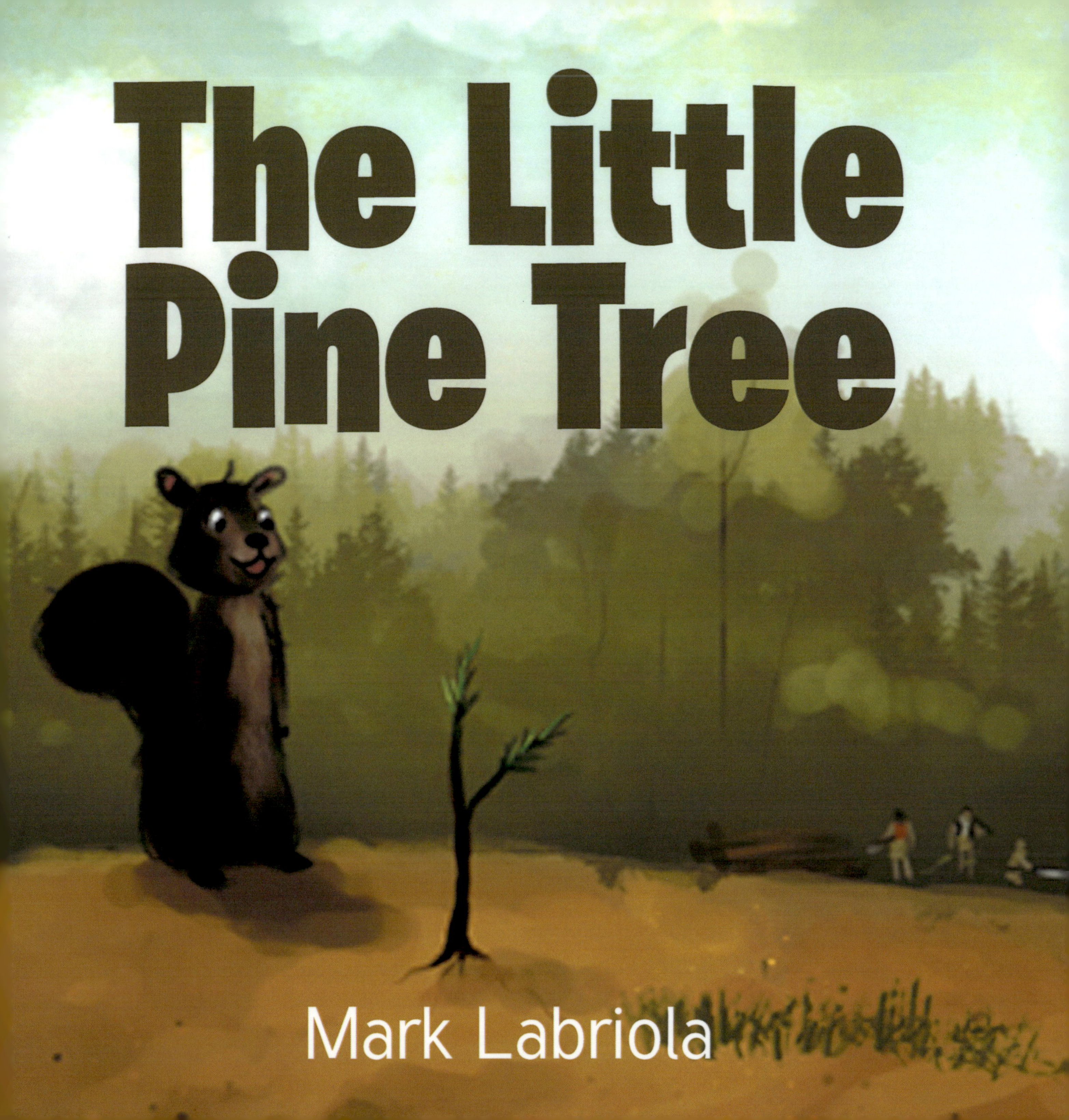

Mark Labriola